JE ME SENS UN PEU FAIBLE, PANORAMIX !...
NON, OBÉLIX !...TU N'AURAS PAS DE POTION MAGIQUE! JE T'AI DIT MILLE FOIS QUE TU ÉTAIS TOMBÉ DEDANS ÉTANT PETIT !

UNE AVENTURE D'ASTÉRIX

ASTÉRIX LE GAULOIS

TEXTE DE GOSCINNY
DESSINS DE UDERZO

DARGAUD ÉDITEUR
12, RUE BLAISE-PASCAL - 92201 NEUILLY-SUR-SEINE

DANS LE MONDE - ASTERIX EN LANGUES ETRANGERES

AFRIQUE DU SUD
Hodder Dargaud, PO Box 32213, Braamfontein Centre, Braamfontein 2017, Johannesburg, Afrique du Sud

AMERIQUE HISPANOPHONE
Grijalbo-Dargaud S.A., Deu y Mata 98-102, Barcelone 29, Espagne

AUSTRALIE
Hodder Dargaud, 2 Apollo Place, Lane Cove, New South Wales 2066, Australie

AUTRICHE
Delta Verlag, Postfach 1215, 7 Stuttgart 1, R.F.A.

BELGIQUE
Dargaud Benelux, 3 rue Kindermans, 1050 Bruxelles, Belgique

BRESIL
Cedibra, Rua Filomena Nunes 162, Rio de Janeiro, Brésil

CANADA ET ETATS-UNIS
Dargaud Canada, 307 Benjamin-Hudon, St-Laurent, Montréal PQ H4 N1J1, Canada

DANEMARK
Gutenberghus Bladene, Vognmagergade 11, 1148 Copenhague K, Danemark

EMPIRE ROMAIN
Delta Verlag, Postfach 1215, 7 Stuttgart 1, R.F.A. (Latin)

ESPAGNE
Grijalbo-Dargaud S.A., Deu y Mata 98-102, Barcelone 29, Espagne

ESPERANTO
Delta Verlag, Postfach 1215, 7 Stuttgart 1, R.F.A.

FINLANDE
Sanoma Osakeytio, Ludviginkatu 2-10, 00130 Helsinki 13, Finlande

HOLLANDE
Dargaud Benelux, 3 rue Kindermans, 1050 Bruxelles, Belgique
Distribution : Oberon, Ceylonpoort 5/25, Haarlem, Hollande

HONG KONG
Hodder Dargaud, c/o United Publishers Book Services, Stanhope House, 7th Floor, 734 King's Road, Hong Kong

HONGRIE
Nip Forum, Vojvode Misica 1-3, 2100 Novi Sad, Yougoslavie

INDONESIE
Penerbit Sinar Harapan, J1. Dewi Sartika 136 D, PO Box 015 JNG, Jakarta, Indonésie

ISLANDE
Fjolvi HF, Njorvasund 15a, Reykjavik, Islande

ISRAEL
Dahlia Pelled Publishers, POB 33325, Tel Aviv, Israël

NORVEGE
A/S Hjemmet (Groupement Gutenberghus), Kristian den 4 des Gate 13, Oslo 1, Norvège

NOUVELLE ZELANDE
Hodder Dargaud, PO Box 3858, Auckland 1, Nouvelle Zélande

PAYS DE GALLES
Gwasg y Dref Wen, 28 Church Road, Whitchurch, Cardiff, Pays de Galles

PORTUGAL
Meriberica, Rue D. Filipa de Vilhena 4-5°, Lisbonne 1, Portugal

REPUBLIQUE FEDERALE ALLEMANDE
Delta Verlag, Postfach 1215, 7 Stuttgart 1, R.F.A.

ROYAUME UNI
Hodder Dargaud, Mill Road, Dunton Green, Sevenoaks, Kent TN13 2XX, Angleterre

SUEDE
Hemmets Journal Forlag (Groupement Gutenberghus), Fack 200 22 Malmo, Suède

SUISSE
Interpress Dargaud S.A., En Budron B, 1052 Le Mont/Lausanne, Suisse

TURQUIE
Kervan Kitabcilik, Basin Sanayii ve Ticaret AS, Tercuman Tesisleri, Topkapi-Istanbul, Turquie

YOUGOSLAVIE
Nip Forum, Vojvode Misica 1-3, 2100 Novi Sad, Yougoslavie

Dépôt légal 1er trimestre 1981 N° A81/9444
ISBN 2-205-00096-9

Imprimé en France par l'imprimerie Maury, 45330 Malesherbes

Loi N° 49956 du 16 juillet 1949 sur les publications destinées à la Jeunesse.

Dépôt légal à Québec – Dépôt légal à Ottawa 1er trimestre 1981
ISBN 2-205-00096-9

PRESSE IMPORT – LEO BRUNELLE INC. 307 Benjamin Hudon
St Laurent Montréal – P.Q. H4N 1J1
DISTRIBUTEUR EXCLUSIF LICENCIE.

Nous sommes en 50 avant Jésus-Christ. Toute la Gaule est occupée par les Romains... Toute? Non! Un village peuplé d'irréductibles Gaulois résiste encore et toujours à l'envahisseur. Et la vie n'est pas facile pour les garnisons de légionnaires romains des camps retranchés de Babaorum, Aquarium, Laudanum et Petitbonum...

QUELQUES GAULOIS...

Astérix, le héros de ces aventures. Petit guerrier à l'esprit malin, à l'intelligence vive, toutes les missions périlleuses lui sont confiées sans hésitation. Astérix tire sa force surhumaine de la potion magique du druide Panoramix...

Obélix, est l'inséparable ami d'Astérix. Livreur de menhirs de son état, grand amateur de sangliers, Obélix est toujours prêt à tout abandonner pour suivre Astérix dans une nouvelle aventure. Pourvu qu'il y ait des sangliers et de belles bagarres.

Panoramix, le druide vénérable du village, cueille le gui et prépare des potions magiques. Sa plus grande réussite est la potion qui donne une force surhumaine au consommateur. Mais Panoramix a d'autres recettes en réserve...

Assurancetourix, c'est le barde. Les opinions sur son talent sont partagées : lui, il trouve qu'il est génial, tous les autres pensent qu'il est innommable. Mais quand il ne dit rien, c'est un gai compagnon, fort apprécié...

Abraracourcix, enfin, est le chef de la tribu. Majestueux, courageux, ombrageux, le vieux guerrier est respecté par ses hommes, craint par ses ennemis. Abraracourcix ne craint qu'une chose : c'est que le ciel lui tombe sur la tête, mais comme il le dit lui-même: « C'est pas demain la veille! »

EN 50 AVANT J.C., NOS ANCÊTRES LES GAULOIS AVAIENT ÉTÉ VAINCUS PAR LES ROMAINS, APRÈS UNE LONGUE LUTTE...
DES CHEFS TELS QUE VERCINGÉTORIX DOIVENT DÉPOSER LEURS ARMES AUX PIEDS DE CÉSAR...
OUAP!
CLANG!
LA PAIX S'EST INSTALLÉE, TROUBLÉE PAR QUELQUES ATTAQUES DE GERMAINS, VITE REPOUSSÉES...
MAIS ADDENTZION! ON REFIENDRA!
PON! PON! ON S'EN FA!..
TOUTE LA GAULE EST OCCUPÉE...
BELGIQUE
ARMORIQUE
S.P.Q.R.
CELTIQUE
AQUITAINE
PROVINCE ROMAINE
TOUTE?.. NON! CAR UNE RÉGION RÉSISTE VICTORIEUSEMENT À L'ENVAHISSEUR. UNE PETITE RÉGION ENTOURÉE DE CAMPS RETRANCHÉS ROMAINS...
PETIBONUM
AQUARIUM
LAUDANUM
BABAORUM
TOUS LES EFFORTS POUR VAINCRE CES FIERS GAULOIS ONT ÉTÉ INUTILES ET CÉSAR S'INTERROGE...
QUID?
ARMORICUM
CELTANIQUE
AQUITANUM
C'EST ICI QUE NOUS FAISONS CONNAISSANCE AVEC NOTRE HÉROS, LE GUERRIER ASTERIX, QUI VA S'ADONNER À SON SPORT FAVORI: LA CHASSE.
TU REVIENS BIENTÔT, ASTERIX?..
JE SERAI DE RETOUR POUR DÉJEUNER, OBÉLIX..
LE VOILÀ!
ON L'AURA!
IPSO FACTO!
SIC!
PAF!
BOUM!
OUILLE!
AÏE
NOUS VOUS LE DISONS: LES ROMAINS Y PERDENT LEUR LATIN!
VAE VICTIS!
QU'EST-CE QU'Y DIT?..

A PETIBONUM, CAMP FORTIFIÉ ROMAIN, DANS LA TENTE DU CENTURION CAIUS BONUS...
AVE CAIUS BONUS! LA PATROUILLE EST DE RETOUR!
AVE JULIUS POMPILIUS! JE VAIS ALLER LES VOIR.
AVE...
?!?
PAR TOUS LES DIEUX! QUE VOUS EST-IL ARRIVÉ? AVEZ-VOUS ÉTÉ ATTAQUÉS PAR UNE FORCE SUPÉRIEURE EN NOMBRE ?...
SUPÉRIEURE EN NOMBRE...
...ON NE PEUT PAS DIRE!!!
ILS ÉTAIENT UN...
...ET PAS BIEN GROS AVEC ÇA!
PAR JUPITER! IL DOIT Y AVOIR UN SECRET DANS LA FORCE DE CES GAULOIS!
PENDANT CE TEMPS...
TE VOICI DE RETOUR, ASTÉRIX... RIEN DE SPÉCIAL ?...
NON...
AH, SI... J'AI ASSOMMÉ QUATRE ROMAINS...
AH?..BON!
TU VIENS MANGER LE SANGLIER AVEC MOI ?...
JE VIENS DANS QUELQUES INSTANTS, J'AI ENCORE DEUX MENHIRS À LIVRER...
A.2

ENTRE OBELIX, LE ROTI EST PRÊT !..
MIAM MIAM ASTERIX !...
LES ROMAINS VONT SE FÂCHER, ILS VONT LANCER UNE NOUVELLE OFFENSIVE...
BAH !
TANT QUE PANORAMIX, NOTRE DRUIDE, CONTINUERA À PRÉPARER SA POTION MAGIQUE, LES ROMAINS NE PEUVENT RIEN CONTRE NOUS !..
ALLONS D'AILLEURS VISITER LE DRUIDE !...
TCHIC !
TCHAC !
IL DOIT ÊTRE DANS LE FEUILLAGE EN TRAIN DE CUEILLIR LE GUI AVEC SA SERPE D'OR
PANORAMIX ! O DRUIDE !!
TU M'AS FAIT SURSAUTER, JE ME SUIS COUPÉ AVEC MA SERPE !
JE M'EXCUSE...
LE JOUR EST VENU POUR MOI D'AVOIR MA RATION DE POTION...
BON, D'ACCORD...
VENEZ CHEZ MOI...
3 B

VOICI LA POTION QUI REND INVINCIBLE! LA POTION QUI DÉCUPLE LES FORCES DU CONSOMMATEUR PENDANT UN TEMPS LIMITÉ.
QUELLE EST LA RECETTE DE CETTE POTION, Ô DRUIDE?
L'ORIGINE DE CETTE RECETTE SE PERD DANS LA NUIT DES TEMPS ET ELLE NE SE TRANSMET QUE DE BOUCHE DE DRUIDE À OREILLE DE DRUIDE...
...TOUT CE QUE JE PEUX TE DIRE, C'EST QU'IL Y A DU GUI ET DU HOMARD...
LE HOMARD N'EST PAS NÉCESSAIRE, MAIS ÇA DONNE DU GOÛT À LA MIXTURE!
PLAF!
JE PEUX EN AVOIR?..
NON, OBÉLIX, NON!.. ET TU LE SAIS BIEN!
TU ES TOMBÉ DANS LA MARMITE ÉTANT BÉBÉ. LES EFFETS DE LA POTION SONT PERMANENTS CHEZ TOI; EN BOIRE ENCORE SERAIT DANGEREUX!..
GLOP! GLOP! GLOP!
MERCI, Ô DRUIDE!
PAR BELENOS, CE N'EST PAS JUSTE!
HOULÀHOULÀ HOULÀ!!!
JE T'AI DÉJÀ DIT DE NE PAS ME SERRER LA MAIN APRÈS AVOIR PRIS LA POTION!
C'EST VRAI, JE NE CONNAIS PAS MA FORCE!...
4 B

LES GAULOIS QUE NOUS ASSIÉGEONS DEPUIS DES ANNÉES NOUS NARGUENT! LA PROVOCATION DE CE MATIN DÉPASSE LES BORNES! S'ILS SE METTENT À UN CONTRE QUATRE, CE N'EST PLUS DU JEU! ILS NOUS RIDICULISENT!
IL Y A UN MYSTÈRE DANS LA PUISSANCE DE CES GAULOIS! IL FAUT DÉCOUVRIR CE SECRET!
TU AS RAISON, MARCUS SACAPUS! IL FAUT LE DÉCOUVRIR ET VITE! CÉSAR, DE ROME, M'A FAIT SAVOIR SON MÉCONTENTEMENT! IL ME FAUT UN VOLONTAIRE POUR ALLER ESPIONNER CHEZ LES GAULOIS!
?!
DEVANT L'AFFLUX DES VOLONTAIRES NOUS ALLONS RECOURIR AUX CHAISES MUSICALES POUR DÉSIGNER L'ESPION.
POUR JOUER À CE VIEUX JEU ROMAIN, IL FAUT UN SIÈGE DE MOINS QU'IL N'Y A DE LÉGIONNAIRES...
...QUAND LA MUSIQUE S'ARRÊTE...
...TOUT LE MONDE S'ASSOIT. LE LÉGIONNAIRE QUI N'A PAS DE SIÈGE EST LE LÉGIONNAIRE QUI A PERDU.
C'EST CALIGULA MINUS QUI S'Y COLLE!

JE N'IRAI PAS CHEZ LES GAULOIS!
CÉSAR TE SERA RECONNAISSANT CALIGULA MINUS, SI TU VAS CHEZ LES GAULOIS...
JE N'IRAI PAS CHEZ LES GAULOIS!
JE TE FAIS EMBROCHER COMME UN POULET SI TU N'Y VAS PAS CHEZ LES GAULOIS!!!
BON, BON, J'IRAI CHEZ LES GAULOIS...
GRIMEZ-MOI ÇA EN GAULOIS!
PENDANT CE TEMPS CHEZ LES GAULOIS...
LES ROMAINS SE TIENNENT TRANQUILLES DEPUIS TROP LONG-TEMPS! ÇA VA SE GÂTER! SOYEZ VIGILANTS ET N'OUBLIEZ PAS DE PRENDRE VOTRE POTION CHEZ LE DRUIDE!
VIVE ABRARACOURCIX NOTRE CHEF!..
CHEF!
QUE VEUX-TU OBELIX?
ON NE VEUT PAS ME DONNER DE POTION. CE N'EST PAS JUSTE, JE ME SENS UN PEU FAIBLE...
AÏE! VOICI ASSURANCETOURIX, LE BARDE!
JE VAIS ENTONNER UN CHANT POUR DONNER DU COURAGE AUX GUERRIERS...
ON EST OCCUPÉS...
J'AI DES TAS DE MENHIRS À LIVRER...
QUE LE CIEL ME TOMBE SUR LA TÊTE! IL EST TARD!...
BARBARES! ILS NE COMPRENNENT RIEN À MON ART!
6

CALIGULA MINUS EST PRÊT, CAIUS BONUS. NOUS L'AVONS DÉGUISÉ EN GAULOIS
ALLONS VOIR...
?!!
HI! HI! HO! HO! ENCHAÎNEZ-LE HA! HA!
QUÈS ACCO?...
NOUS ALLONS TE PROMENER NON LOIN DU VILLAGE GAULOIS. QUAND LES GAULOIS TE VERRONT, ILS VIENDRONT TE DÉLIVRER. AINSI, TU POURRAS ENTRER CHEZ EUX ET ILS TE CONFIERONT LEUR SECRET...
QUE PENSES-TU DE MON PLAN?..
JE N'EN PENSE RIEN. JE N'AI RIEN COMPRIS!
EMMENEZ-LE!
EEEEH! DOUCEMENT! JE SUIS UN FAUX PRISONNIER! UN VRAI ROMAIN!
PEU APRÈS...
ON VA MARCHER LONGTEMPS COMME ÇA?...
CALIGULA MINUS, TAIS-TOI!..
NON LOIN DE LÀ...
J'AIMERAIS BIEN UNE BONNE BAGARRE...
FAUT PAS TROP Y COMPTER... LES ROMAINS SONT DEVENUS PRUDENTS À FORCE DE RECEVOIR DES COUPS SUR LA TÊTE...

ARRÊTE !
HMMM ?
CHUT !
MAÎS...
UN BRUIT DE CHAÎNES, DE PAIS ET DE LAMENTATIONS !
!
CACHONS NOUS AU SOMMET DE CET ARBRE... JE CROIS QUE NOUS ALLONS NOUS DÉROUILLER LES MUSCLES !
PAR TOUS LES DIEUX, J'AURAIS DÛ RESTER À ROME, PLUTÔT QUE D'ALLER CHERCHER FORTUNE ET GLOIRE DANS LES LÉGIONS DE CÉSAR ! MA PEAU NE VAUT PLUS UN SESTERCE ET PLUS JAMAIS JE NE MANGERAI LE TAPIOCA(1) QUE ME PRÉPARAIT MAMAN !
(1) LES SPAGHETTIS NE FURENT IMPORTÉS QUE BIEN PLUS TARD, DE CHINE, PAR MARCO POLO.
TAIS-TOI, CALIGULA MINUS ! TU SERAS LE SEUL ÉPARGNÉ QUAND DES HORDES DE GAULOIS NOUS TOMBERONT DESSUS, APRÈS TOUT !
EN EFFET, LES HORDES SONT LÀ...
DES ROMAINS AVEC UN PRISONNIER GAULOIS !!!
NOUS ALLONS LE DÉLIVRER !
8

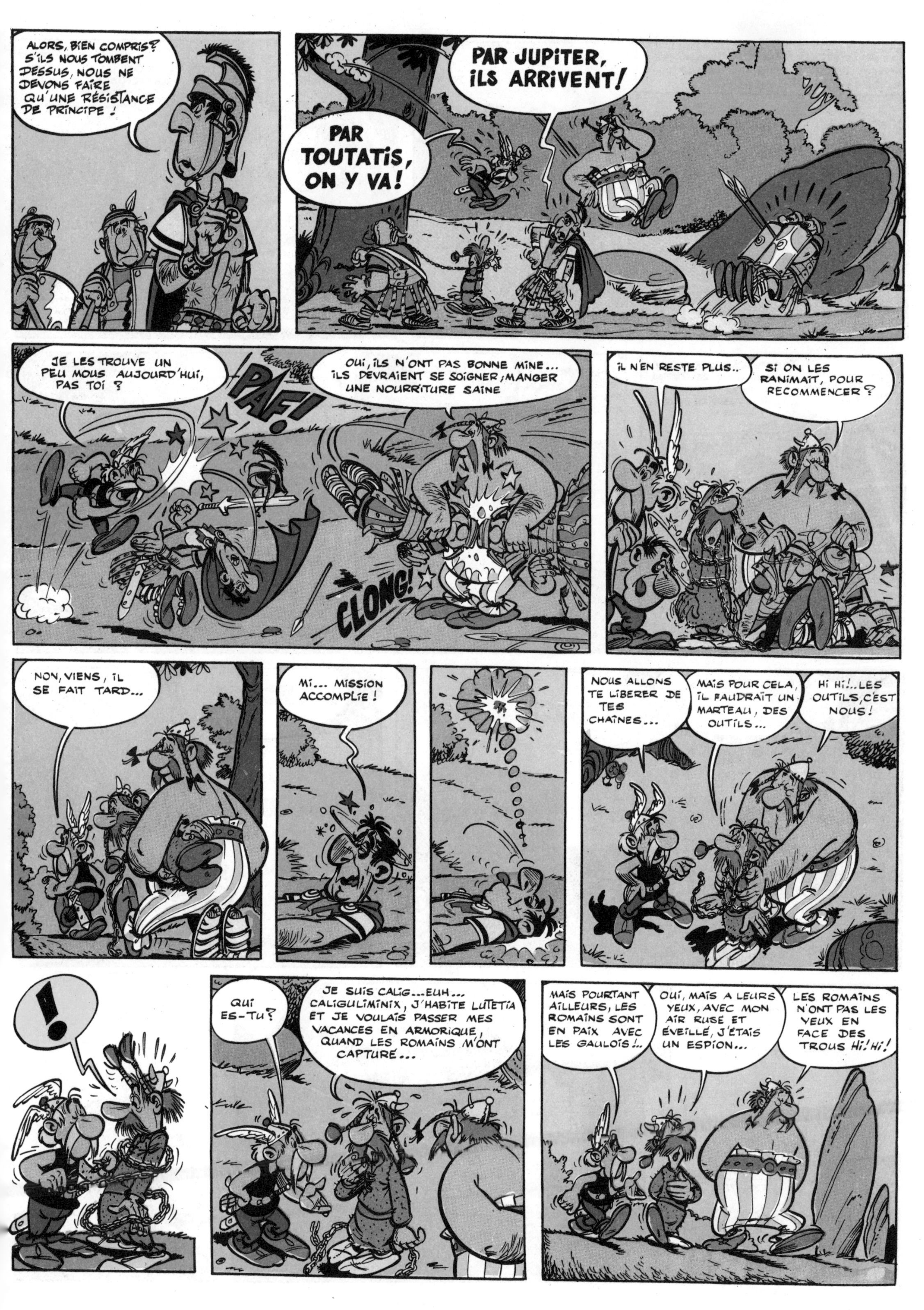
ALORS, BIEN COMPRIS? S'ILS NOUS TOMBENT DESSUS, NOUS NE DEVONS FAIRE QU'UNE RÉSISTANCE DE PRINCIPE !
PAR JUPITER, ILS ARRIVENT!
PAR TOUTATIS, ON Y VA!
JE LES TROUVE UN PEU MOUS AUJOURD'HUI, PAS TOI ?
PAF!
OUI, ILS N'ONT PAS BONNE MINE... ILS DEVRAIENT SE SOIGNER; MANGER UNE NOURRITURE SAINE
CLONG!
IL N'EN RESTE PLUS..
SI ON LES RANIMAIT, POUR RECOMMENCER ?
NON, VIENS, IL SE FAIT TARD...
MI... MISSION ACCOMPLIE !
NOUS ALLONS TE LIBERER DE TES CHAÎNES...
MAIS POUR CELA, IL FAUDRAIT UN MARTEAU, DES OUTILS...
HI HI!..LES OUTILS, C'EST NOUS!
!
QUI ES-TU?
JE SUIS CALIG...EUH... CALIGULIMINIX, J'HABITE LUTETIA ET JE VOULAIS PASSER MES VACANCES EN ARMORIQUE, QUAND LES ROMAINS M'ONT CAPTURÉ...
MAIS POURTANT AILLEURS, LES ROMAINS SONT EN PAIX AVEC LES GAULOIS !..
OUI, MAIS A LEURS YEUX, AVEC MON AIR RUSÉ ET ÉVEILLÉ, J'ÉTAIS UN ESPION...
LES ROMAINS N'ONT PAS LES YEUX EN FACE DES TROUS HI! HI!

L'HÉROÏQUE DÉTACHEMENT, COMMANDÉ PAR MARCUS SACAPUS, REVIENT AU CAMP RETRANCHÉ DE PETIBONUM...
LES GAULOIS SONT VENUS, ILS ONT VU ET ILS ONT EMPORTÉ CALIGULA MINUS !
MAGNIFIQUE VICTOIRE POUR NOUS !
ESPERONS QUE CALIGULA MINUS NOUS REVIENDRA EN UN SEUL MORCEAU POUR NOUS DIRE CE QU'IL AURA VU !
JE L'ESPÈRE POUR LUI, SINON, SES MORCEAUX AURONT AFFAIRE À MOI !!!
ALEA JACTA EST !
PARDON ?..
PENDANT CE TEMPS...
NOUS ARRIVONS À NOTRE VILLAGE CALIGULIMINIX. TU Y SERAS EN SÉCURITÉ, IL N'Y A QUE DES GAULOIS !
CHIC !
ASTERIX ET OBELIX SONT DE RETOUR !
ILS RAMÈNENT QUELQUE CHOSE !
PAR BELENOS, QUELLE CHOSE ÉTRANGE...
VIENS, NOUS ALLONS TE PRÉSENTER À NOTRE CHEF, ABRARACOURCIX.
MAIS... ILS SONT TOUS ARMÉS !!!
OUI, NOUS DEVONS ÊTRE TOUJOURS PRÊTS À REPOUSSER UNE ATTAQUE DES ROMAINS.
SAGE PRÉCAUTION !

NOTRE CHEF ABRARACOURCIX EST LÀ, AVEC PANORAMIX, LE DRUIDE. ILS SONT PRÉVENUS DE TA VISITE...
SOIS LE BIENVENU FRÈRE; CHEZ NOUS, TU ES CHEZ TOI!
AV... EUH... BONJOUR!
JE VAIS ENTONNER UN CHANT DE BIENVENUE...
VA PLUTÔT VOIR SUR UN CHÊNE SI J'Y SUIS!
PROMÈNE-TOI DANS LE VILLAGE JUSQU'AU REPAS, MAIS NE VA PAS TROP LOIN, LES ROMAINS RÔDENT...
BON!
CETAUTOMATIX
ARMES EN TOUS GENRES
TIENS, JE SUIS CURIEUX DE VOIR AVEC QUELS OUTILS ILS TRAVAILLENT LE MÉTAL...
BING!
BONNG!
CLING!
?
CLANG!
AVEC SES POINGS! PAR JUPITER! AVEC SES POINGS!..
CLONG!
CLING!
ALORS, CE MENHIR, ÇA VIENT?..
IL MARCHE!
???
ILS SONT VRAIMENT TRÈS FORTS... JE ME DEMANDE SI CAIUS BONUS N'A PAS RAISON... IL Y A UN SECRET DANS CETTE FORCE...

LE REPAS EST PRÊT, CALIGULAMINIX! IL Y A DU SANGLIER!
IL Y A UN SECRET QUI VOUS DONNE CETTE FORCE SURHUMAINE ?...
GLOUP! MIAM! OUI, MAIS JE NE PEUX PAS LE RÉVÉLER. SCROUNCH!
MANGE TON SANGLIER, IL VA ÊTRE FROID.
POURQUOI TU NE PEUX PAS ME RÉVÉLER CE SECRET ?
PARCE QUE C'EST UN SECRET!
ALORS ÇA, CE N'EST PAS JUSTE! SI ON NE SE DIT PAS TOUT ENTRE GAULOIS, OÙ ALLONS-NOUS ?...
SI J'ÉTAIS FORT, COMME VOUS, JE POURRAIS TRAVERSER LES LIGNES ROMAINES ET RETOURNER PARMI LES MIENS À LUTÉTIA!
?
!
MA FAMILLE SNIF! ELLE DOIT S'INQUIETER.
QU'EST-CE QU'ON FAIT ?
ON POURRAIT MANGER SON SANGLIER!
VIENS, CALIGULAMINIX. NOUS ALLONS VOIR LE DRUIDE.
IL DOIT ÊTRE SUR UN CHÊNE. C'EST LE SIXIÈME JOUR DE LA LUNE ET, C'EST BIEN CONNU, LE GUI CUEILLI CE JOUR-LÀ EST UN PUISSANT CONTRE-POISON.
DRUIDE!
OUILLE!
JE T'AI DÉJA DIT ASTERIX, DE NE PAS ME FAIRE SURSAUTER QUAND JE TRAVAILLE DE LA SERPE !!!

QUE ME VEUX-TU ?..
MOI, RIEN. C'EST MON AMI CALIGULIMINIX QUI AIMERAIT CONNAITRE LE SECRET DE NOTRE FORCE...
PAS QUESTION !
!
JE DOIS RETOURNER CHEZ MOI, REJOINDRE MA FAMILLE, REPRENDRE MON TRAVAIL...
AU FAIT, QUEL EST TON TRAVAIL ?
EUH... JE SUIS GUIDE... JE FAIS VISITER LUTETIA LA NUIT AUX BARBARES VENUS FAIRE DU TOURISME..
ET BIEN, DRUIDE ?
NON NON ET NON !!!
TRÈS BIEN, TRÈS BIEN.... PARFAIT ! OH, J'AI COMPRIS !
JE VAIS ESSAYER DE RENTRER CHEZ MOI QUAND MÊME. ET SI LES ROMAINS M'EMMÈNENT À ROME POUR ME FAIRE DÉVORER PAR LES LIONS DANS LE CIRQUE, ENTRE CHAQUE BOUCHÉE DE LIONS, JE DIRAI : C'EST LA FAUTE À PANORAMIX LE DRUIDE, C'EST LA FAUTE À PANORAMIX LE DRUIDE !
BON, BON, ÇA VA !
CALIGULIMINIX ! REVIENS !
JE CONSENS À TE MONTRER MON SECRET, ET MÊME, À T'Y FAIRE GOÛTER !
C'EST UN SECRET QUI SE MANGE ?
13

VENEZ TOUS! PANORAMIX NOTRE DRUIDE, VA PRÉPARER DE LA POTION!
UNE PORTION DE CETTE POTION TE DONNERA LA FORCE NÉCESSAIRE POUR RETOURNER À LUTÉTIA...
...MAIS LES EFFETS SE DISSIPERONT VITE.
ÇA NE FAIT RIEN, JE M'ARRANGERAI POUR VOLER LA MARMITE!
VOICI LE BREUVAGE...
ALORS, CE BREUVAGE... JE LE BROIS ?..
GLOU! GLOU! GLOU! GLOU! GLOU!
ON DIRAIT UN POTAGE AUX LÉGUMES...
OUI, JE PEUX FAIRE PLUSIEURS FARFUMS: SOUPE AU POISSON, OMELETTE AU FROMAGE, CANARD À L'ORANGE E' PRALINÉ...
MAIS JE NE RESSENS AUCUN EFFET SPÉCIAL...
ESSAYE DE SOULEVER CETTE PIERRE, LÀ BAS!
CELLE-CI ? MAIS JE NE POURRAI JAMAIS...
?!?
HA! HA! HA! HA! HA!
HA! HA! HA! HA! HA! HA!

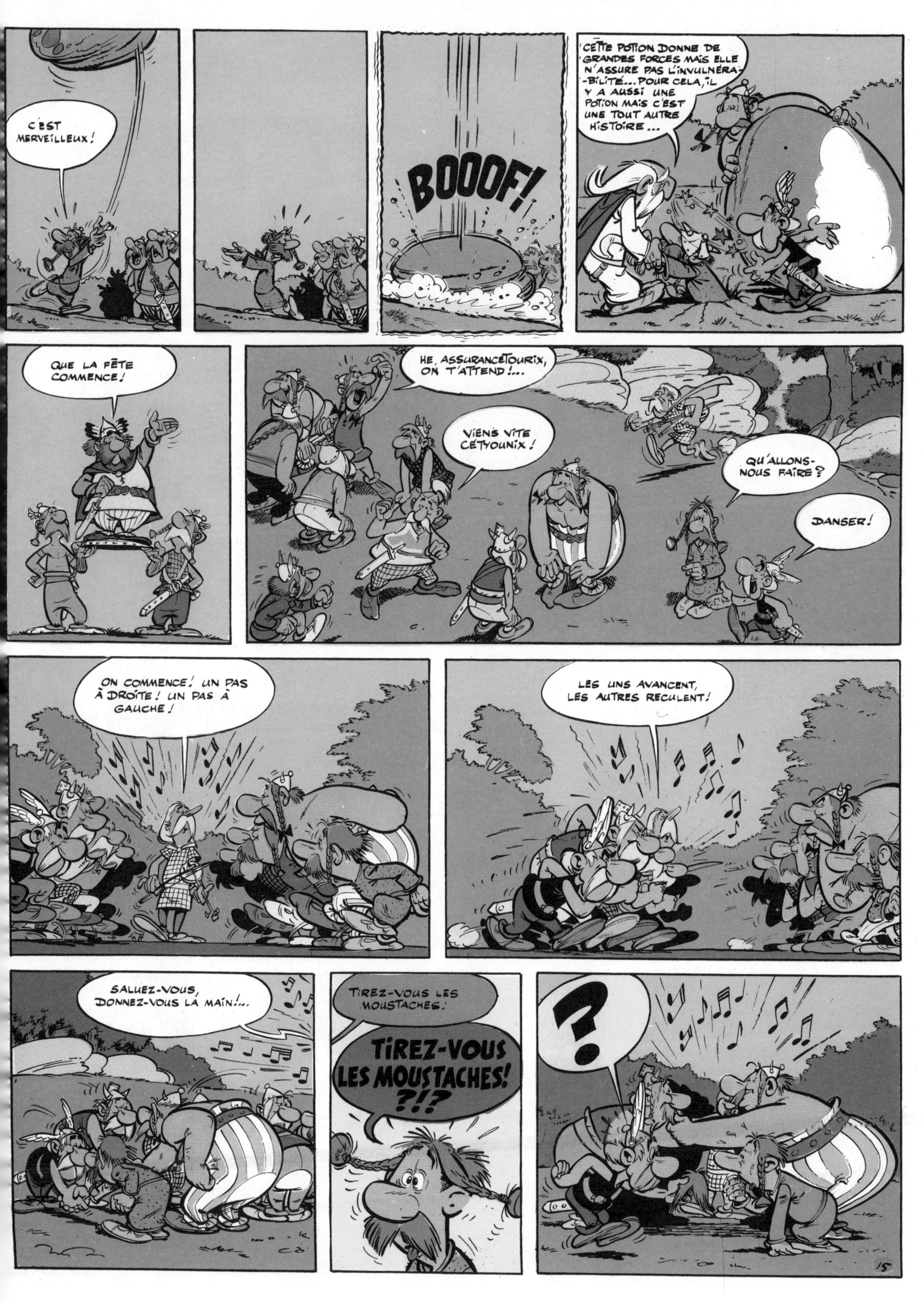

C'EST MERVEILLEUX !
BOOOF !
CETTE POTION DONNE DE GRANDES FORCES MAIS ELLE N'ASSURE PAS L'INVULNÉRA-BILITÉ... POUR CELA, IL Y A AUSSI UNE POTION MAIS C'EST UNE TOUT AUTRE HISTOIRE...
QUE LA FÊTE COMMENCE !
HE, ASSURANCETOURIX, ON T'ATTEND !...
VIENS VITE CÉTYOUNIX !
QU'ALLONS-NOUS FAIRE ?
DANSER !
ON COMMENCE ! UN PAS À DROITE ! UN PAS À GAUCHE !
LES UNS AVANCENT, LES AUTRES RECULENT !
SALUEZ-VOUS, DONNEZ-VOUS LA MAIN !...
TIREZ-VOUS LES MOUSTACHES !
TIREZ-VOUS LES MOUSTACHES ! ?!?
?

QUEL EST CE PRODIGE ?!!!
EUH... CE SONT DES MOUSTACHES AMOVIBLES... A LUTÉTIA, C'EST LE DERNIER CRI...
JE NE CROIS PAS QUE TU SOIS UN GAULOIS!.. JE CROIS QUE TU ES UN ESPION ROMAIN!!!
ATTRAPEZ-LE!!!
?
!
INUTILE DE LE POURSUIVRE, IL VIENT DE BOIRE LA POTION, IL EST PRATIQUEMENT INVINCIBLE!
C'EST GRACE À TON BREUVAGE QU'IL ÉCHAPPE!
PAR MA SERPE D'OR! C'EST TOI QUI A INSISTÉ POUR QUE J'EN DONNE À CET ESPION!
BAH! ÇA NE FAIT RIEN. L'ESPION NE SAIT PAS GRAND CHOSE ET LES EFFETS DE LA POTION SE DISSIPERONT VITE!
PENDANT CE TEMPS, CALIGULA MINUS VOLE VERS PETIBONUM, CAMP DES ROMAINS...
HALTE!.. QUO VADIS GAULOIS?
BOING!

AVE CAIUS BONUS!
?
J'AI LE SECRET DE LA FORCE DES GAULOIS! C'EST UNE POTION MAGIQUE!
!
OÙ EST CETTE POTION?
LÀ!
VIENS CALIGULA MINUS JE VEUX VOIR LES EFFETS PRODUITS PAR CETTE POTION!...
?!
BATS-LES!
BON!
LUI NOUS BATTRE? OH! OH! OH!
PAR JUPITER C'EST TROP DRÔLE!
AVE CALIGULA MINUS, MORITURI TE SALUTANT!
PAFF!
BIFF!
BOUM!
SCHPLOKK!
PRODIGIEUX!
ET VOILÀ!
L'ENNUI, C'EST QUE NOUS N'AVONS PAS LA POTION SOUS LA MAIN POUR POUVOIR EN ÉTUDIER LES INGRÉDIENTS.
EH, NON...
ON N'A QU'À L'OUVRIR COMME UN LAPIN...
!
ESSAYEZ SEULEMENT, NON MAIS, ESSAYEZ SEULEMENT!!!
TON IDÉE A DU BON, MARCUS SACAPUS, MAIS CALIGULA MINUS REFUSE DE COOPÉRER.
17

ET CETTE POTION, ELLE FAIT DE L'EFFET PENDANT COMBIEN DE TEMPS?
ÇA, JE L'IGNORE...
SOULÈVE DONC CETTE GROSSE PIERRE, CALIGULA MINUS.
?
ET VOILÀ!
PARFAIT!...
TIENS CETTE PIERRE À BOUT DE BRAS, CALIGULA MINUS; QUAND ELLE SERA TROP LOURDE POUR TOI, CELA VOUDRA DIRE QUE LES EFFETS DE LA POTION AURONT DISPARU...
QUELQUES HEURES PASSENT...
QUAND, TOUT À COUP...
CHPLONK!
ALORS TU NE TE SENS PLUS AUSSI FORT?...
HÉLAS, NON. C'EST FINI!
ALORS ALLONS-Y!!!
HEU... RESTONS CALMES...
PAFF!
BIFF!
TCHOC!
SCHTIAF!
IL ME FAUT LA RECETTE DE CETTE POTION! AVEC CETTE RECETTE JE POURRAI DEVENIR EMPEREUR! CAÏUS CÉSAR!
18

PEU APRÈS CHEZ LES GAULOIS...
JE VAIS CUEILLIR DU GUI DANS LA FORÊT...
VEUX-TU QUE JE T'ACCOMPAGNE DRUIDE ?..
NON, ASTERIX, RESTE ICI POUR GARDER LE VILLAGE. TA FORCE VIENT DE MON BREUVAGE, MAIS TON INTELLI-GENCE ET TA RUSE N'APPARTIENNENT QU'À TOI...
CE SERAIT TERRIBLE POUR NOUS SI NOUS TE PERDIONS... D'AILLEURS, JE REVIENS TOUT DE SUITE...
AH, BON...
♪ (1)
1 VIEIL AIR GAULOIS
OUAPP!!!...
NOUS LE TENONS!
(1)
(1) VIEILLES INJURES GAULOISES.
PEU APRÈS...
NOUS TENONS LE DRUIDE, Ô CAIUS BONUS!
BRAVO, TULLIUS OCTOPUS!
EN RÉCOMPENSE, TU AURAS 100 SESTERCES ET UNE PERMISSION POUR ALLER À ROME, VOIR LES JEUX DU CIRQUE!
CHIC! JE VAIS ALLER AU CIRQUE! JE VAIS ALLER AU CIRQUE!
TOI, DRUIDE, TU ME LIVRERAS TON SECRET!
ÇA VA PAS, NON?!!

NOUS ALLONS TORTURER LE DRUIDE; IL PARLERA!
TU PARLES?
TU PARLES!!!
ET, PLUS TARD...
MAIS ENFIN, DRUIDE, CE N'EST PAS DU JEU! NOUS TE TORTURONS DEPUIS DES HEURES ET ÇA NE TE FAIT RIEN!
SI! ÇA ME FAIT PASSER LE TEMPS!
DRUIDE, SI TU PARLES, JE FERAI DE TOI UN HOMME RICHE ET PUISSANT!
NON!
TU AURAS DES SESTERCES! DES TAS DE SESTERCES!!!
NON!
EST-CE QU'ON VA ME TORTURER ENCORE LONGTEMPS?.. JE N'AI PAS QUE ÇA A FAIRE, MOI!
LES POUVOIRS MAGIQUES DE CE DRUIDE SONT TROP FORTS POUR MOI... ET IL EST TÊTU!
PENDANT CE TEMPS...
QUE SE PASSE-T-IL, ASTERIX? TU AS L'AIR INQUIET....
LE DRUIDE EST PARTI CUEILLIR DU GUI DANS LA FORÊT, ET IL N'EST PAS RENTRÉ...
JE VAIS LE CHERCHER!
ATTENTION ASTERIX! ÇA FAIT LONGTEMPS QUE TU N'AS PAS BU DE POTION!
BAH! JE ME FIE À MA RUSE POUR RETROUVER LE DRUIDE!
20

DRUIDE! O, DRUIDE!
VOICI LA VOIE ROMAINE... IL Y A DU MONDE...
NATIONALE VIII
TU AS L'AIR SOUCIEUX, L'AMI...
MES DIEUX... QUE FAIRE ?...
JE SUIS MARCHAND DE BOEUFS MAIS J'HÉSITE À VENDRE MES BOEUFS, CAR, SI JE LE FAIS, COMMENT RENTRERAIS-JE CHEZ MOI ? JE N'AURAIS PLUS DE BOEUFS POUR TIRER MON CHAR !
CHANGE DE MÉTIER ! FAIS-TOI MARCHAND DE CHARS, TU VENDRAS TON CHAR ET TU RENTRERAS AVEC TES BOEUFS !
!
MERVEILLEUSE, LUMINEUSE, PRODIGIEUSE IDÉE !
COMMENT TE PROUVER MA RECONNAISSANCE ?
EN ME DONNANT UN RENSEIGNEMENT. AS-TU VU PASSER UN DRUIDE QUI FAISAIT LA CUEILLETTE DU GUI ?
NON, J'AI VU PASSER UN DRUIDE, MAIS CELUI-LÀ ÉTAIT DANS UN FILET QUE DES LÉGIONNAIRES CONDUISAIENT À PETIBONUM...
!!!!!!
CONDUIS-MOI À PETIBONUM !
MAIS CE N'EST PAS MON CHEMIN.
PETIBONUM EST LE PLUS GRAND MARCHÉ DE CHARS DE LA RÉGION, ET, C'EST L'ÉPOQUE DU SALON DU CHAR D'OCCASION...
QUELLE AUBAINE POUR MOI DE T'AVOIR RENCONTRÉ !
21

NOUS ARRIVONS À PETIBONUM!..
MAIS ... POURQUOI TE CACHES-TU ?..
EUH ... C'EST POUR FAIRE UNE BONNE FARCE À MES AMIS ROMAINS ...
HI, HI ! ÇA C'EST BIEN ! J'ADORE LES FARCES !
CLAC!
HI! HI! HI!
LA BÊTISE DE CE MARCHAND EST UN GRAND PRODIGE, PAR TOUTATIS !
HALTE!
QUE TRANSPORTES-TU DANS TON CHAR MARCHAND ?
RIEN! HI! HI!
PAR JUPITER! TE MOQUES-TU DE MOI ?!!
HI! HI! HI! HI!
CE NIGAUD VA TOUT FAIRE RATER !
QUE SE PASSE-T-IL GRACCHUS SEXTILIUS ?
CE MARCHAND SE MOQUE DE MOI CLAUDIUS QUINTILIUS !
HI! HI! HI!
LAISSE-LE ENTRER, JE LE CONNAIS, IL EST INOFFENSIF !
OUF !

NOUS SOMMES DANS LE CAMP! C'EST MAINTENANT QUE TU FAIS LA FARCE?
NON, LA NUIT TOMBE, JE VAIS ATTENDRE LE MATIN, CE SERA PLUS DRÔLE!
AH? BON..
BONNE NUIT!..
PEU APRÈS...
ZZZZZ
ESSAYONS DE TROUVER L'ENDROIT OÙ EST ENFERMÉ LE DRUIDE
VOYONS PAR LÀ...
COUCHE-TOI ET MANGE, Ô MARCUS SACAPUS, MON FIDÈLE SECOND. NOUS AVONS À PARLER!
MERCI, Ô CAIUS BONUS!
IL FAUT QUE NOUS OBTENIONS LA RECETTE DE LA POTION DU DRUIDE! AVEC ELLE, NOUS SERONS INVINCIBLES; NOUS IRONS À ROME ET NOUS PRENDRONS LA PLACE DE CÉSAR!
JULES CÉSAR?!
PARFAITEMENT, JULES! ET À NOUS DEUX NOUS FORMERONS UN TRIUMVIRAT!
J'AI BESOIN DE TOI, MAIS APRÈS, JE LE FORMERAI SEUL, LE TRIUMVIRAT!
JE LE FERAI MANGER PAR LES LIONS, À ROME: CÉSAR, CE SERA MOI, MOI TOUT SEUL!
GLIC!

TOUT ÇA EST BIEN INTÉRESSANT MAIS ÇA NE ME DIT PAS OÙ SE TROUVE PANORAMIX LE DRUIDE !
IL SE TROUVE SÛREMENT DANS CETTE TENTE SOLIDEMENT GARDÉE ...
SOYONS AUDACIEUX !
VOUS PERMETTEZ ? JE VIENS DÉLIVRER PANORAMIX LE DRUIDE . C'EST UN AMI .
?!?!
MERCI !
NE LE LAISSE PAS SORTIR ! C'EST UN DE CES GAULOIS INVINCIBLES GAVÉS DE BOISSON MAGIQUE !.. JE VAIS CHERCHER DU RENFORT !
B... BON, MAIS FAIS VITE, Ô CAIUS MARCHÉOPUS !
ZWWWI
ET, DANS LA TENTE...
ASTERIX !
ÇA VA ?
QUELLE FOLIE, Ô ASTERIX, QUE DE T'ÊTRE VENU FOURRER DANS LA GUEULE DE LA LOUVE ROMAINE PAR BELISAMA !
CES GENS NE PEUVENT RIEN CONTRE MES POUVOIRS MAGIQUES !
JUSTEMENT ! ON VA S'AMUSER UN PEU À LEURS DÉPENS, J'AI QUELQUES IDÉES !
CHEF ! CHEF !

O, CAIUS BONUS!
QUOI ENCORE?
NOUS AVONS CAPTURÉ UN GAULOIS DANS LA TENTE OÙ SE TROUVE LE DRUIDE, MAIS IL FAUT DU RENFORT POUR EMPÊCHER LE PRISONNIER DE S'EN ALLER!!!
PAR JUPITER! QUE L'ON SONNE L'ALARME!!!
TATARARA TATA!
PEU APRÈS...
RENDS-TOI, GAULOIS! SINON, JE DONNE L'ORDRE À MES BRAVES DE PASSER À L'ATTAQUE!
ALORS, IL SE REND, OUI OU NON?
ÇA ÉNERVE, D'ATTENDRE!
ATTENTION! LE VOILÀ!!!
JE JETTE MON ARME À TES PIEDS, CENTURION, COMME LE FIT NOTRE CHEF VERCINGÉTORIX À TON MAÎTRE CÉSAR
TCHING!
CLANG!
CLINK
GLONC!
TCHIC
CLOK!
CLIC!
? ?
ALORS, QUOI?! JE ME RENDS! FAITES QUELQUE CHOSE! JE N'AI PAS DE TEMPS À PERDRE, MOI!

SAISISSEZ-LE, PLEUTRES! OU JE VOUS FAIS DÉVORER AU CIRQUE, PAR LES LIONS!
AU CIRQUE?..
PAR LES LIONS...
EH BÉ!
CLIK!
TCHAC!
CLONK!
CLIC!
QUE SE PASSE-T-IL?
C'EST UN GAULOIS QUI S'EST INTRODUIT DANS LE CAMP...
ÇA, C'EST PAS BIEN! IL N'A PAS ATTENDU MON RÉVEIL POUR FAIRE SA FARCE!.. ÇA, C'EST PAS BIEN!
?
TU N'AS PAS VOULU PARLER, DRUIDE, MAIS DEMAIN, SOUS LA TORTURE, TON AMI SERA PEUT-ÊTRE PLUS LOQUACE!
AUT CAESAR, AUT NIHIL! (1)
(1) ÇA, C'EST DU LATIN.
HA! HA! HA! HA!
HA! HA! HA! HA!
IL NE S'IMAGINE PAS À QUEL POINT JE VAIS ÊTRE LOQUACE! JE VAIS LOQUACER COMME ON N'A JAMAIS LOQUACÉ! (1)
(1) ÇA, CE N'EST PAS DU FRANÇAIS!
26

SILENCE ! ON VIENT !
CAIUS BONUS DÉSIRE VOUS VOIR...
TOI ! CONNAIS-TU LE SECRET DE LA POTION MAGIQUE ?..
MOI ? NON.
POUR LA DERNIÈRE FOIS DRUIDE !.. DONNE MOI CETTE RECETTE, OU JE FAIS TORTURER TON AMI !
JE NE CRAINS PAS LA TORTURE !...
J'AI CONFIANCE DANS LE COURAGE DE MON AMI ASTÉRIX !
NOUS ALLONS VOIR ! QUE L'ON LIE CE GAULOIS SUR CETTE TABLE ! QUE L'ON CONVOQUE LE BOURREAU !
J'ARRIVE ! J'ARRIVE ! ME VOILÀ !.. TOUJOURS PRÊT !
PITIÉ ! PITIÉ ! JE N'EN PEUX PLUS ! ASSEZ ! PITIÉ !
?!
POUR L'AMOUR DE TOUTATIS, ARRÊTEZ ! JE NE PEUX PLUS SUPPORTER CES CRIS PLUS LONGTEMPS ! JE DIRAI TOUT !
ARRÊTE BOURREAU...
MAIS JE N'AI PAS ENCORE COMMENCÉ !
3-60
27

EH BIEN DRUIDE. DONNE-NOUS CETTE RECETTE, SINON, IL EN CUIRA À TON AMI!
PITIÉ!
JE PRÉPARERAI LA POTION DEVANT TOI, MAIS IL ME FAUT DE NOMBREUX INGRÉDIENTS QUI SE TROUVENT EN FORÊT...
TU AURAS CE DONT TU AS BESOIN! QUE L'ON ESCORTE LE DRUIDE! JE GARDE L'AUTRE GAULOIS EN OTAGE!
IL FAUT DU GUI...
DES RACINES...
PEU APRÈS...
LE DRUIDE EST DE RETOUR AVEC DU GUI, DES RACINES...
...DES HERBES ET DES FLEURS DES CHAMPS. IL RÉCLAME UNE MARMITE.
QU'ON LA LUI DONNE!
UNE PINCÉE DE SEL... UN SOUPÇON DE POIVRE... LAISSEZ FRÉMIR...
OUI! OUI! VITE! PLUS VITE!
IL MANQUE QUELQUE CHOSE... QUELQUE CHOSE DE TRÈS IMPORTANT...
QUOI? QUOI? QUOI?
DES FRAISES...
DES FRAISES?! EN CETTE SAISON?!?
EVIDEMMENT, CE N'EST PAS FACILE... ON POURRAIT ATTENDRE LA SAISON...
NON! VITE! QUE L'ON DÉPÊCHE DES MESSAGERS! IL ME FAUT DES FRAISES!!! DES FRAISES! ILLICO PRESTO!!!
ET EN ATTENDANT LES FRAISES...
ASTÉRIX, TES IDÉES ONT DU BON!
TON IDÉE DE LES ENVOYER AUX FRAISES N'EST PAS MAL NON PLUS!.. ÇA NOUS FAIT DES VACANCES AUX FRAIS DE CÉSAR!
3-60 28

VOILÀ DES JOURS QUE LES MESSAGERS SONT PARTIS CHERCHER DES FRAISES, ET AUCUN N'EST ENCORE REVENU !
LES MESSAGERS SONT REVENUS, Ô CAÏUS BONUS !
ENFIN !
AVE CAÏUS BONUS
AVE, AVE, LES ENFANTS ! ALORS VOUS AVEZ LES FRAISES ?
NON !
PAS DE FRAISES !
NOUS AVONS CHERCHÉ PARTOUT !
IL MANQUE ENCORE TULLIUS OCTOPUS...
ME VOICI, Ô CAÏUS BONUS !
J'AI TROUVÉ DES FRAISES, Ô CAÏUS BONUS ! JE LES AI ACHETÉES À PRIX D'OR À UN MARCHAND GREC QUE J'AI RENCONTRÉ PAR HASARD SUR LA ROUTE !
DONNE !
CETTE FOIS-CI, C'EST DIT; EN RÉCOMPENSE, TU AURAS UNE PERMISSION POUR ALLER À ROME VOIR LES JEUX DU CIRQUE !
JE VAIS ALLER AU CIRQUE ! JE VAIS ALLER AU CIRQUE !
DRUIDE ! VOICI LES FRAISES QUE TU ME DEMANDAIS ET DONT TU AS BESOIN POUR TA POTION MAGIQUE !
QU'EN PENSES-TU, ASTÉRIX ?
HMMM... ELLES N'ONT PAS L'AIR FORMIDABLES...
!
PAS MAUVAISES...
AH ?
RÉFLEXION FAITE CES FRAISES ÉTAIENT EXCELLENTES...
OUI. C'EST BIEN CELLES-LÀ QU'IL ME FAUT. ALLEZ DONC M'EN CHERCHER D'AUTRES....
29

VOUS AVEZ MANGÉ MES FRAISES ET MAINTENANT VOUS N'AVEZ PLUS DE FRAISES ET VOUS VOULEZ ENCORE DES FRAISES ET C'EST PAS JUSTE ET JE COMMENCE À EN AVOIR ASSEZ!
PAF! PAF! PAF!
ALLONS, ALLONS, DU CALME! JE VAIS VOUS LA PRÉPARER VOTRE POTION...
MAIS OUI, MAIS OUI!
ON PEUT TRÈS BIEN FAIRE CETTE POTION SANS FRAISES... ÇA SERA MOINS BON, C'EST TOUT...
OH, ET ENCORE, LES FRAISES, ÇA DONNE UN ARRIÈRE GOÛT...
SNIF! SNIF!
C'EST PRÊT, IL N'Y A PLUS QU'A SERVIR CHAUD...
BONNE!
QUI ME PROUVE QUE CETTE SOUPE N'EST PAS DU POISON, PAR JUPITER!?
SI CELA PEUT CALMER TES CRAINTES, JE VEUX BIEN LE BOIRE, CE POTAGE, PAR TOUTATIS!
NON! SI CETTE POTION EST LA VRAIE, TES FORCES DÉCUPLERAIENT, TU SERAIS INVINCIBLE. IL ME FAUT UN VOLONTAIRE!
J'AI DIT: IL ME FAUT UN VO-LON-TAI-RE!!!
QUID NOVI?
SURSUM CORDA
BEN VOYONS!
O CAIUS BONUS, PLUTÔT QUE DE RISQUER LA VIE D'UN LÉGIONNAIRE, IL NOUS FAUDRAIT UN ÊTRE INOFFENSIF, QUI NOUS SERVIRAIT POUR L'EXPERIENCE...
30

?
ALORS, MON BON AMI... TU VAS BIEN?...
MOI?
NON, JE NE VAIS PAS BIEN! J'AI ÉTÉ ENTRAÎNÉ PAR UN HOMME SUR LA ROUTE QUI M'A DIT QUE JE POURRAIS VENDRE MON CHAR À PETIBONUM, MAIS PERSONNE NE VEUT ACHETER MON CHAR ET J'AI BESOIN DE MES BOEUFS...
?
ET TOUT ÇA, C'EST DE SA FAUTE!
?
JE N'AI PAS TRÈS BIEN COMPRIS TON HISTOIRE, MAIS POUR TE CONSOLER, GOÛTE DONC DE CE BREUVAGE...
!
NON MERCI, SANS FAÇONS... JE DOIS D'AILLEURS PARTIR POUR ESSAYER DE VENDRE MON CHAR AU CAMP VOISIN BABAORUM...
GOÛTE!!!
?!!
BON, BON...
GLOUP GLOU GLOU FRRRP
QU'EST-CE QUE VOUS AVEZ À ME REGARDER COMME ÇA?... VOUS N'AVEZ JAMAIS VU UN MARCHAND DE CHARS BOIRE DU POTAGE?...
4.60
31

APRÈS AVOIR BU CETTE POTION TU ES L'HOMME LE PLUS FORT DU MONDE !
MOI ?
HI HI ! C'EST UNE FARCE ; C'EST UN FARCEUR, HI, HI !
C'EST CE QUE NOUS ALLONS VOIR...
FRAPPE QUELQU'UN !
MAIS JE NE SUIS FACHÉ AVEC PERSONNE !
UN VOLONTAIRE POUR RECEVOIR UN COUP DE POING !
VANITAS VANITATUM ET OMNIA VANITAS...
DE FACTO...
QUOMODO VALES ?
ÇA VA MERCI...
J'AIMERAIS UN PEU PLUS D'ENTHOU-SIASME ET UN PEU MOINS DE LATIN QUAND JE DEMANDE UN VOLONTAIRE !!!
MOI, JE SUIS VOLONTAIRE !..
TOI ? MAIS C'EST UNE EXCELLENTE IDÉE.
FRAPPE !
?
ALLEZ FRAPPE !!!
ALORS, TU FRAPPES ?
MAIS FRAPPE, ENFIN !
PIF !
!
ÇA T'A FAIT MAL ?
J'AI CRU QUE LE CIEL ME TOMBAIT SUR LA TÊTE !
?
4-60
32

BON, SI ON N'A PLUS BESOIN DE MOI, JE M'EN VAIS...
HUE!
MAIS, SI JE COMPRENDS BIEN, JE SUIS DEVENU TRÈS FORT!
C'EST MERVEILLEUX! JE POURRAI ENFIN VENDRE MES BOEUFS ET TIRER LE CHAR MOI-MÊME!
CETTE POTION...
... A SÛREMENT...
...QUELQUE CHOSE DE MAGIQUE!
ET A PETITBONUM...
GLOUGLOU GLOUGLOU
VENEZ TOUS BOIRE DE LA POTION MAGIQUE!
33

LA ROUTE DE ROME NOUS EST OUVERTE, Ô MARCUS SACAPUS ! LES JOURS DE CÉSAR SONT COMPTÉS !
TOI, DRUIDE, CONSIGNE PAR ÉCRIT LA RECETTE DE CETTE POTION !
APRÈS QUOI, NOUS NOUS DÉBARRASSERONS DE CES DEUX GAULOIS CE SERA POUR EUX UNE LEÇON !
POIL AU MENTON !
BONG
AH ! ESSAYONS NOTRE NOUVELLE FORCE !
NNNNNNG !
HMM... J'AI VU TROP GRAND !
ESSAYONS AVEC ÇA !..
NNNNNG !
PLUS PETIT...
CECI PEUT-ÊTRE ?..
BOF !
ÇA-Y-EST ! JE SUIS UN SURHOMME !!!
QUEL GRAND PRODIGE !...
34

EUH... CAIUS BONUS...
HMMM?
IL N'Y A PAS GRAND PRODIGE À SOULEVER CE CAILLOU...
?
C'EST VRAI, ÇA !!!
OUAPP!
VOUS M'AVEZ TROMPÉ, CHIENS! CETTE POTION N'EST PAS MAGIQUE!!!
OH, QUE SI!
?
HI! HI! HO! HO! HO! HA! HA!
O CAIUS BONUS, SI NOUS FAISIONS UN SORT À CES GAULOIS?
?
TU AURAIS PU TE RASER AVANT DE TE PRÉSENTER DEVANT MOI!..
?
UN BON LEGIONNAIRE SE DOIT D'ÊTRE GLABRE!
!
PEUT-ÊTRE, MAIS UN BON CENTURION SE DOIT DE PRÊCHER D'EXEMPLE!
?
MAIS... QUE... QUE NOUS ARRIVE-T-IL?
REGARDE!!!
!!!
35

!
?
QUEL EST CE PRODIGE, DRUIDE?
C'EST UNE VIEILLE RECETTE DE LOTION CAPILLAIRE, EXTRÊMEMENT PUISSANTE. VOS BARBES ET VOS CHEVEUX VONT POUSSER SANS ARRÊT A TRÈS GRANDE VITESSE.
JE VAIS VOUS TUER! DONNEZ-MOI DU CONTREPOISON!
TSK, TSK, TSK!
SI TU NOUS TUES, NOUS NE POURRONS PAS FAIRE DE CONTREPOISON!
!
D'AILLEURS, AUJOURD'HUI, NOUS SOMMES UN PEU FATIGUÉS...
...NOUS ALLONS NOUS RETIRER SOUS NOTRE TENTE...
ATTENDEZ!!!
SCLONK!
QUE T'EST-IL ARRIVÉ Ô, CAÏUS BONUS?
JE ME SUIS PRIS LES PIEDS DANS MA BARBE, Ô, IMBÉCILE!
PEU APRÈS...
JE SUIS À LA MERCI DE CES GAULOIS! ILS ONT GAGNÉ LA PARTIE, JE DOIS TRAITER AVEC EUX!
!
5. 60
36

C'EST LA ⚡@*!! MARMITE DANS LAQUELLE ⚡ ÉTÉ PRÉPARÉE LA ⚡ POTION!
BANG!
SLAP! SLAP! SLAP!
TROIS MILLE QUATRE CENT CINQUANTE!
?
QUE DIS-TU?
NOUS AVONS INVENTÉ UN NOUVEAU JEU. CHAQUE FOIS QUE NOUS VOYONS UN BARBU, NOUS COMPTONS QUINZE POINTS. CELUI QUI A LE PLUS DE POINTS GAGNE! *
* CE JEU EST ENCORE PRATIQUÉ DE NOS JOURS DANS CERTAINES RÉGIONS D'EUROPE OCCIDENTALE.
TU TE MOQUES DE MOI, GAULOIS, MAIS JE DOIS TRAITER AVEC TOI!
PARLONS SANS COUPER LES CHEVEUX EN QUATRE!
KAÏ! KAÏ! KAÏ!
JE NE VEUX PLUS QU'ON PARLE DE CHEVEUX!!!
POF! POF! POF!
PUISQUE C'EST COMME ÇA ... LA BARBE!..
HI! HI!
NON! NE PARS PAS!
D'ACCORD, MAIS NE ME PRENDS PLUS À REBROUSSE-POIL!
HA! HA! HO! HO!
TOUT CECI EST ÉCHEVELÉ. PARLE, NOUS T'ÉCOUTONS!
HOU! HOU! ASSEZ! ASSEZ! HAHAHOHOHIHI!
POM! POM! POM!
37

JE M'AVOUE VAINCU. DONNEZ-MOI DU CONTRE-POISON ET JE VOUS RENDS LA LIBERTÉ!
C'EST QUE, JE N'AI PAS ENVIE DE TRAVAILLER!
IL A UN POIL DANS LA MAIN!..
...PARFOIS, IL A UN CHEVEU SUR LA LANGUE AUSSI!
HI! HI! HI!
POF! POF!
ALLEZ, NE VOUS ÉNERVEZ PAS. C'EST D'ACCORD...
IL FAUDRA QUE J'AILLE CHERCHER DES INGRÉDIENTS DANS LA FORÊT...
JE VOUS ENVOIE UNE ESCORTE...
!
JE N'AURAI PAS LE SECRET DE LA POTION MAGIQUE MAIS DÈS QUE JE SERAI DÉBARRASSÉ DES EXCENTRI-CITÉS CAPILLAIRES, JE SUPPRIMERAI LES DEUX GAULOIS. CE SERA UNE SATISFACTION MORALE!
POURQUOI AS-TU ACCEPTÉ SI VITE? CE CENTURION NOUS VEUT DU MAL!
LES EFFETS DE LA POTION CAPILLAIRE SONT DE COURTE DURÉE...
...DEMAIN IL N'Y PARAÎTRA PLUS. IL FAUT PENSER À SE SORTIR DE LÀ...
NOUS SOMMES PRÊTS À VOUS ESCORTER EN FORÊT POUR CHERCHER LES INGRÉDIENTS DU CONTREPOISON.
NE ME MARCHE PAS SUR LES POILS!
TU N'AS QU'À PAS LAISSER TRAÎNER TES CHEVEUX!
J'AI UN PLAN!
CE QU'IL Y A DE BIEN, AVEC NOUS, C'EST QU'ON EST BOURRÉS D'IDÉES!

DÉPÊCHEZ-VOUS! NOS BARBES POUSSENT!
JE CROIS QUE NOUS AVONS À PEU PRÈS TOUT CE QU'IL NOUS FAUT...
C'EST ENCORE NOUS!..
PARFAIT, METTEZ-VOUS AU TRAVAIL!
OUFFF!.. JE VAIS POUVOIR ME REPOSER! ÇA FAIT TROIS HEURES QUE JE TRAVAILLE SANS ARRÊT!
OÙ ALLEZ-VOUS?
MAIS... JE VEUX VOUS VOIR PRÉPARER LE CONTREPOISON!
TSK, TSK! PAS QUESTION! IL NOUS FAUT DU CALME... VOUS ÊTES TROP NERVEUX!
!
SURVEILLEZ CETTE TENTE! QU'ILS NE S'ÉVADENT PAS!
AH! ALLONS-Y!

VOIS-TU, ASTÉRIX MON AMI, DANS LA PETITE MARMITE J'AI PRÉPARÉ DE LA POTION MAGIQUE CAR NOUS AURONS BESOIN DE MUSCLES POUR NOUS SORTIR D'ICI ...
...DANS LA GRANDE MARMITE, JE PRÉPARE LE "CONTREPOISON" : DE L'EAU, UN OS À MOELLE, DES LÉGUMES ET DU SEL... COMME NOUS DEVRONS Y GOÛTER DEVANT LES ROMAINS, AUTANT FAIRE UN BON POTAGE ...
PEU APRÈS...
LA POTION MAGIQUE EST PRÊTE; PRENDS-EN UNE BONNE PORTION!..
TU PEUX APPELER LES AUTRES MAINTENANT...
A LA SOUPE LÀ-DEDANS!
APPORTEZ LA MARMITE ICI ...
ÇA VIENT! ÇA VIENT!
GOÛTEZ LES PREMIERS...
C'EST BON ?..
GLOP! SLOP! GLOP!
TRÈS BON... MAIS ÇA SERAIT MEILLEUR AVEC DES CROÛTONS...
?
40

À VOTRE TOUR DE BOIRE, MAINTENANT..
ET QUI ME PROUVE QUE CETTE POTION EMPÊCHE LA CROISSANCE DES CHEVEUX ?..
TU ES RUSÉ, ROMAIN ! OBSERVE MES MOUSTACHES ET TU VERRAS QU'ELLES NE POUSSENT PLUS !
PAR JUPITER !.. C'EST VRAI ! BUVONS !
CE QU'ILS SONT GOINFRES !
OUI, ET IL Y A PLEIN DE CHEVEUX DANS LA SOUPE ! CE N'EST PAS APPÉTISSANT !
AAAAAAAH... ET MAINTENANT...
...SAISISSEZ-LES !!!
AVEC JOIE !
JE TE TIENS PAR LA BARBICHETTE.
VOULEZ-VOUS ME LACHER ?!
A MOI !
?

LAAAACHE-MOI!
D'ACCORD!..
BOING!
VIENS! PARTONS AVANT QU'ILS NE REPRENNENT LEURS ESPRITS!
JUSTE QUAND JE COMMENÇAIS À M'AMUSER!
!
VADE RETRO!!
TCHOP!
DES ROMAINS!!!
DES TAS DE ROMAINS!!!
IL EN VIENT ÉGALEMENT PAR LÀ!
ET PAR LÀ! LE CAMP EST ENCERCLÉ!
VOILÀ DES RENFORTS QUI ARRIVENT À POINT NOMMÉ!
ÇA SE GÂTE!!!
42-B

CETTE FOIS-CI, GAULOIS, JE VAIS VOUS FAIRE EMBROCHER!
SPQR
O CAIUS BONUS, TU ES ATTENDU DANS TA TENTE, D'URGENCE...
?
D'URGENCE?
D'URGENCE.
QUI LAISSE DONC TRAÎNER SON MANTEAU CHEZ MOI ?!!
VEUX-TU RENDRE À CÉSAR CE QUI M'APPARTIENT !?..
!
JULES CÉSAR!!!
EH OUI...
JE SUIS VENU POUR VOIR OU TU EN ÉTAIS AVEC CES IRRÉDUCTIBLES GAULOIS. QUELLE EST CETTE AGITATION DANS LE CAMP QUI A EMPÊCHÉ LA GARNISON DE ME RECEVOIR AVEC LES HONNEURS DÛS À MON RANG?
C'EST QUE... JUSTEMENT, NOUS SOMMES EN TRAIN DE LUTTER CONTRE DES GAULOIS...
DES GAULOIS? COMBIEN DE GAULOIS?..
?!
!
DEUX!..
PAR CLÉOPÂTRE, QUE L'ON ME MONTRE CE DUO CAPABLE DE METTRE EN ÉMOI TOUTE UNE GARNISON DE MES LÉGIONNAIRES!..
43. B

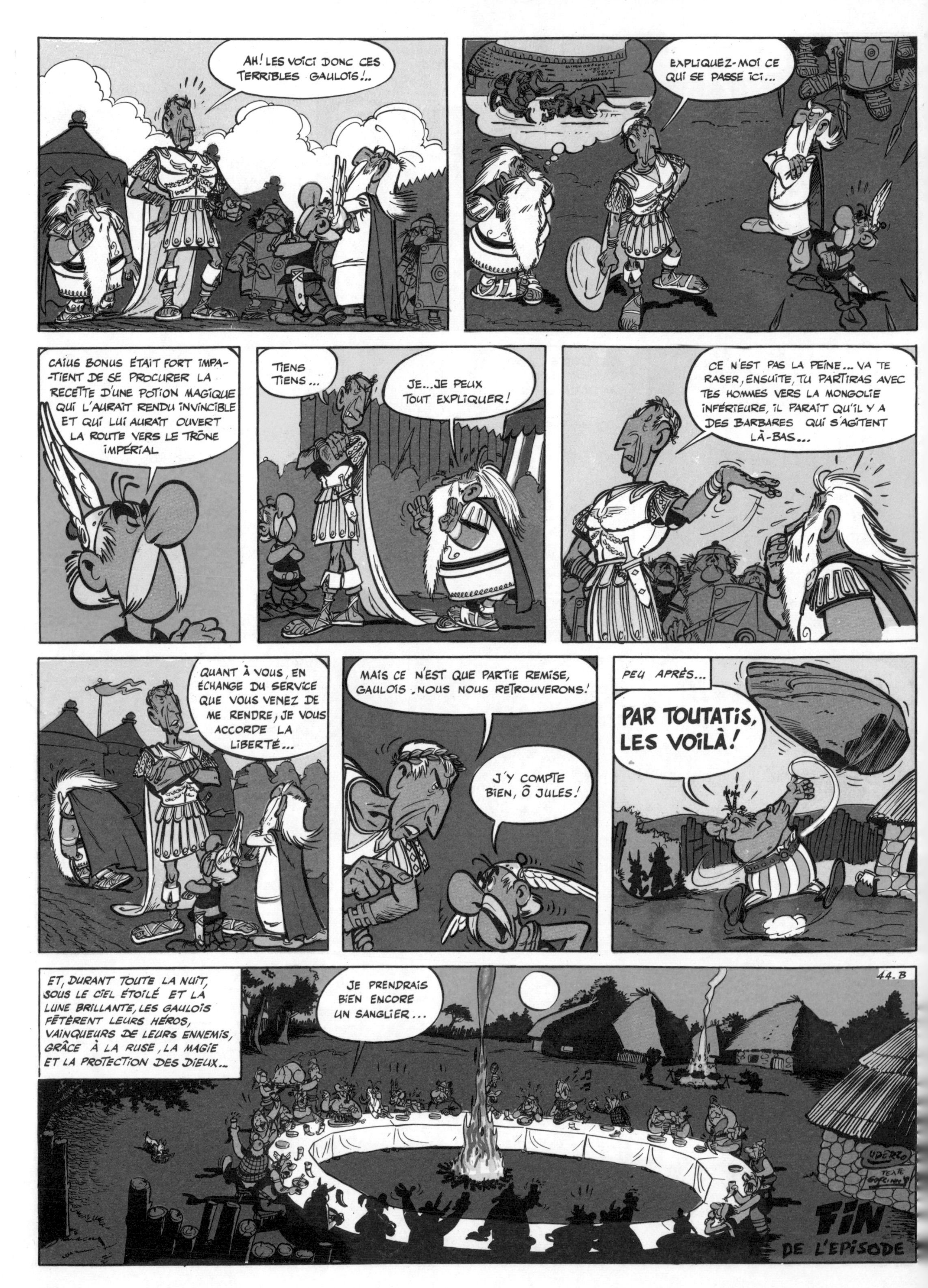
AH! LES VOICI DONC CES TERRIBLES GAULOIS!..
EXPLIQUEZ-MOI CE QUI SE PASSE ICI...
CAIUS BONUS ÉTAIT FORT IMPA-TIENT DE SE PROCURER LA RECETTE D'UNE POTION MAGIQUE QUI L'AURAIT RENDU INVINCIBLE ET QUI LUI AURAIT OUVERT LA ROUTE VERS LE TRÔNE IMPÉRIAL
TIENS TIENS...
JE...JE PEUX TOUT EXPLIQUER!
CE N'EST PAS LA PEINE... VA TE RASER, ENSUITE, TU PARTIRAS AVEC TES HOMMES VERS LA MONGOLIE INFÉRIEURE, IL PARAIT QU'IL Y A DES BARBARES QUI S'AGITENT LÀ-BAS...
QUANT À VOUS, EN ÉCHANGE DU SERVICE QUE VOUS VENEZ DE ME RENDRE, JE VOUS ACCORDE LA LIBERTÉ...
MAIS CE N'EST QUE PARTIE REMISE, GAULOIS. NOUS NOUS RETROUVERONS!
J'Y COMPTE BIEN, Ô JULES!
PEU APRÈS...
PAR TOUTATIS, LES VOILÀ!
ET, DURANT TOUTE LA NUIT, SOUS LE CIEL ÉTOILÉ ET LA LUNE BRILLANTE, LES GAULOIS FÊTÈRENT LEURS HÉROS, VAINQUEURS DE LEURS ENNEMIS, GRÂCE À LA RUSE, LA MAGIE ET LA PROTECTION DES DIEUX...
JE PRENDRAIS BIEN ENCORE UN SANGLIER...
44. B
UDERZO
FIN DE L'EPISODE